AUTORES:

JOSÉ MARÍA CAÑIZARES MÁRQUEZ
CARMEN CARBONERO CELIS

COLECCIÓN: MANUALES PARA PADRES SOBRE ACTIVIDAD FÍSICA, SALUD Y EDUCACIÓN EN LOS NIÑ@S

HABILIDAD MOTRIZ Y ENTRENAMIENTO DE TU HIJO

COLECCIÓN MANUALES PARA PADRES SOBRE ACTIVIDAD FÍSICA, SALUD, Y EDUCACIÓN EN LOS NIÑ@S

HABILIDAD MOTRIZ Y ENTRENAMIENTO DE TU HIJO

AUTORES

José Mª Cañizares Márquez

- Catedrático de Educación Física
- Tutor del Módulo del Practicum del Master de Secundaria
- Especialista en preparación de opositores
- Autor de numerosas obras sobre Educación y Preparación Física

Carmen Carbonero Celis

- D. E. A. en Instituciones Educativas
- Licenciada en Pedagogía
- Maestra de Primaria y Secundaria en centros de Educación Compensatoria
- Didacta presencial del Módulo de Pedagogía General en el CAP
- Profesora de Pedagogía Terapéutica en Centro Educación Primaria

Título: HABILIDAD MOTRIZ Y ENTRENAMIENTO DE TU HIJO

Autores: José Mª Cañizares Márquez y Carmen Carbonero Celis
Editorial: WANCEULEN EDITORIAL

Sello Editorial: WM EDICIONES

Dirección **Web:** www.wanceuleneditorial.com, www.wanceulen.com,

Email: info@wanceuleneditorial.com

I.S.B.N. (PAPEL): 978-84-9993-571-3

I.S.B.N. (EBOOK): 978-84-9993-595-9

©Copyright: WANCEULEN S.L.

Primera Edición: Año 2017

Impreso en España

WANCEULEN S.L. C/ Cristo del Desamparo y Abandono, 56   41006 SEVILLA

Reservados todos los derechos. Queda prohibido reproducir, almacenar en sistemas de recuperación de la información y transmitir parte alguna de esta publicación, cualquiera que sea el medio empleado (electrónico, mecánico, fotocopia, impresión, grabación, etc), sin el permiso de los titulares de los derechos de propiedad intelectual. Cualquier forma de reproducción, distribución, comunicación pública o transformación de esta obra solo puede ser realizada con la autorización de sus titulares, salvo excepción prevista por la ley. Diríjase a CEDRO (Centro Español de Derechos Reprográficos, www.cedro.org) si necesita fotocopiar o escanear algún fragmento de esta obra.

ÍNDICE

INTRODUCCIÓN 7

1. EL DESARROLLO DE LAS HABILIDADES. 9

    1.1. Definición. 9

    1.2. Clasificación de las habilidades motrices. 9

    1.3. Desarrollo de las habilidades motrices básicas. 10

    1.4. Desarrollo de las habilidades genéricas. 11

    1.5. Importancia de las condiciones física y motriz en el desarrollo de las habilidades y destrezas básicas. 13

2. PRINCIPIOS FUNDAMENTALES DEL ENTRENAMIENTO. 14

    2.1. Principios del entrenamiento infantil. (Ungerer). 19

3. ADECUACIÓN DEL ENTRENAMIENTO EN LA ACTIVIDAD FÍSICA EN LOS CICLOS DE EDUCACIÓN PRIMARIA. 19

    3.1. La condición física en el diseño curricular. 20

    3.2. Modelos de adecuación del entrenamiento en la actividad física en los ciclos de Educación Primaria. 21

CONCLUSIONES *23*

BIBLIOGRAFÍA 24

WEBGRAFÍA 26

INTRODUCCIÓN

El enunciado de este tema puede crear confusiones. Por un lado, el término "habilidad" -suponemos que motriz- y su "desarrollo", tienen relación con los contenidos del Tema 9. Por otro, la segunda y tercera se refieren a la condición física a través de los "principios del entrenamiento" y de la "adecuación del entrenamiento durante los tres ciclos de Primaria". Choca porque, en el ámbito escolar, debemos huir del modelo "deportivo o de rendimiento" y promocionar el "educativo y saludable" (Sánchez y Fernández -coords.-, 2003).

En este sentido, el R.D. 126/2014, indica que "*la propuesta curricular de la Educación Física debe permitir organizar y secuenciar los aprendizajes que tiene que desarrollar el alumnado de Educación Física a lo largo de su paso por el sistema educativo, teniendo en cuenta su momento madurativo del alumnado, la lógica interna de las diversas situaciones motrices, y que hay elementos que afectan de manera transversal a todos los bloques como son las capacidades físicas y las coordinativas, los valores sociales e individuales y la educación para la salud*".

Así pues, nos centraremos en el desarrollo de las habilidades motrices relacionándolas con las capacidades físicas y motrices que son necesarias para su correcto progreso.

Durante los primeros años de la vida, niñas y niños van adquiriendo los patrones motores básicos como consecuencia de la evolución y de las experiencias sacadas de los juegos, de ahí la importancia de éste en la formación del alumnado. Aunque antes había el convencimiento generalizado acerca de que la maduración era suficiente para conseguir el desarrollo, hoy día está más que demostrada la importancia de la educación física en estas edades tan tempranas.

Por otro lado, en los últimos años los métodos y sistemas de entrenamiento han evolucionado mucho. Marcas que parecían imposibles de batir se pulverizan cada año. Para ello han sido decisivo los avances en muchos campos: medicina, metodología, multimedia, etc.

En este tema veremos las leyes que son precisas observar para llevar a cabo esos niveles, si bien deseamos matizar que su ámbito de aplicación está fuera del mundo escolar. También trataremos cómo debe planificarse el esfuerzo físico durante la Etapa Primaria.

1. EL DESARROLLO DE LAS HABILIDADES.

Durante los últimos decenios la Educación Física ha experimentado cambios sustanciales. La perspectiva excesivamente mecanicista, que se dirigía fundamentalmente al desarrollo anatómico y funcional del sujeto, dejó paso a las corrientes psicomotrices, que enfocaron los objetivos de nuestra área hacia valores propios del área socio-afectiva y cognitiva. Desde entonces las nuevas transformaciones entienden que la condición física se desarrollará como consecuencia del **trabajo** realizado, aún teniendo otras referencias prioritarias, si bien tiene mucha importancia el matiz de "**salud**" (Sánchez y Fernández -coords.-, 2003).

1.1. DEFINICIÓN.

Serra (1987, 1994), que se basa en autores como Guthrie, Cratty, Knapp, Mc Clenaghan, Lawther y Gallahue, entre otros, determina que "*habilidad motriz es la maestría en la realización de una tarea que requiera movimiento y que es preciso hacerla con eficiencia, con intencionalidad, con un objetivo concreto, en poco tiempo, y utilizando la mínima energía posible*". Es el cuerpo sólo, sin móvil y realizando un gesto técnicamente bueno, por ejemplo saltar adelante con dos pies juntos. En cambio, "*destreza motriz es un término que significa manipulación de un móvil: pelota, soga, aro, etc.*". Por ejemplo, lanzar una pelota con una mano por encima del hombro. En cualquier caso, la **transferencia** positiva de aprendizajes de habilidades previas, su **jerarquía** y el **constructivismo** son tres de sus principales características.

Gil Madrona (2003), define a la habilidad motriz como "*la facilidad y la precisión que se necesita para la ejecución de diversos actos*".

1.2. CLASIFICACIÓN DE LAS HABILIDADES MOTRICES.

Existen numerosos modelos en función de los parámetros que sigan los autores. Cañizares y Carbonero (2007), indican una "pirámide" especificando el tipo de habilidad, ciclo y edades más críticas para su aprendizaje. En ella podemos observar cómo se va "construyendo" la habilidad motriz desde las primeras edades, y la importancia de las capacidades coordinativas en el ajuste motor de cualquier habilidad.

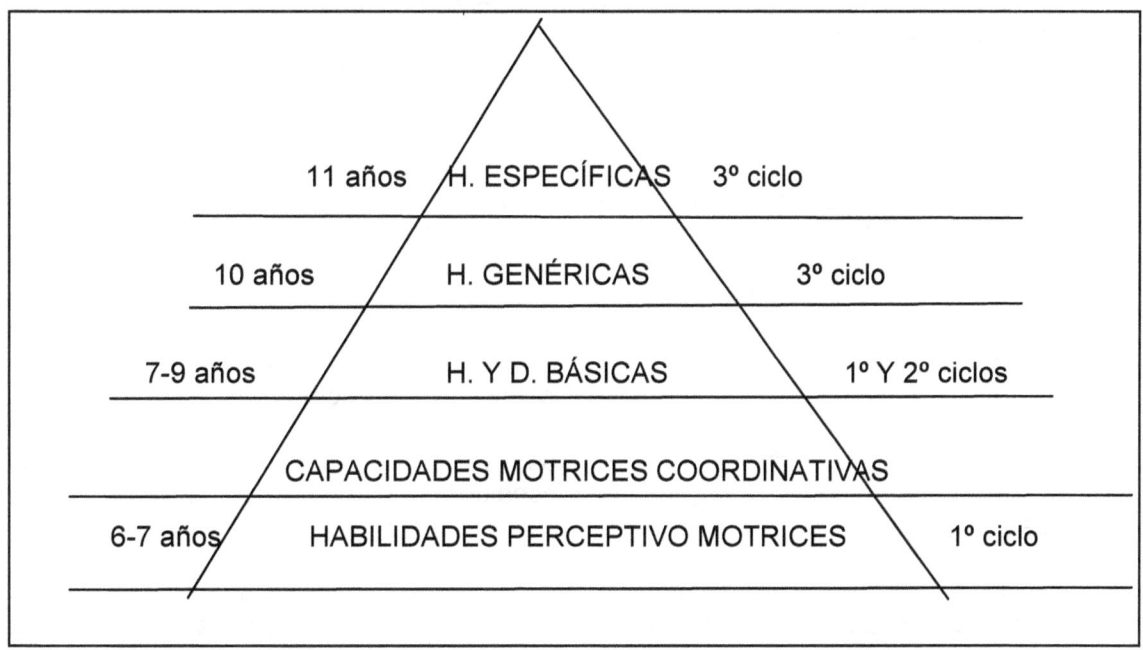

- **Habilidades Perceptivas Motrices.- Integradas** por los contenidos relacionados con el conocimiento del propio cuerpo, espacio y tiempo. Aunque tienen una edad crítica de aprendizaje hasta los siete años, en realidad se siguen perfeccionando durante toda la Primaria. (Ver Tema 11).

- **Capacidades Motrices Coordinativas**.- Engloba a Coordinación y Equilibrio, con sus variantes. En realidad **no son habilidades**, sino los elementos cualitativos del movimiento y "puente" entre las Habilidades Perceptivo Motrices y las H. Básicas y Genéricas. Estas capacidades van íntimamente unidas a las habilidades porque son requeridas significativamente para aprender un gesto concreto. Por ejemplo, regular todos los segmentos óseos corporales para aprender la habilidad del salto con dos pies juntos (secuenciar durante las fases del mismo los gestos de miembros superiores-tronco-miembros inferiores, guardando el equilibrio durante la acción, sobre todo al caer). (Ver Tema 7).

- **H. y D. Básicas**.- Son movimientos fundamentales que se agrupan en Desplazamientos, Saltos, Giros, Lanzamientos y Recepciones. Cualquier gesto que hagamos se basa en alguna de ellas. Constituyen el "alfabeto" del movimiento. (Ver Tema 9).

- **H. Genéricas**.- Resultan de la combinación de varias básicas. Botes, fintas, conducciones, interceptaciones, etc. Se desarrollan con juegos de índole pre-deportivo, como el "balón-torre". (Ver Tema 9).

- **H. Específicas**.- Son las deportivas. Deben iniciarse al final de la Etapa, si el alumnado tiene bien asentados los aprendizajes de las habilidades anteriores. En todo caso será un deporte "mini". Tiene gran importancia hacerlas conforme el reglamento de la especialidad. Por ejemplo, si en el ejemplo anterior del "balón-torre" da igual si se hace la falta de "dobles", al realizar Mini-Basket, es fundamental no hacerlo porque sería sancionable. (Ver Tema 14).

La mayoría de los autores reconocen a las Habilidades Perceptivo Motrices, las Habilidades y Destrezas Básicas y a las Habilidades Específicas.

1.3. DESARROLLO DE LAS HABILIDADES MOTRICES BÁSICAS.

Para tratar este apartado y los dos siguientes resumimos a Trigueros y Rivera (1991), Sánchez Bañuelos (1992), Díaz (1999), Batalla (2000), Ruiz Pérez (2000), Conde y Viciana (2001), Fernández García -coor.- (2002), Gil Madrona (2003), Sánchez Bañuelos y Fernández García -coords.- (2003), Gutiérrez (2004) y Oña (2005).

a) **Desplazamientos**. Exigen un gran control sobre la coordinación general del cuerpo. La marcha y la carrera adelante son las dos formas más habituales, pero no podemos desechar de ninguna manera al resto de los desplazamientos (carrera lateral, cuadrupedias, trepas, transportes, gateos...), debido al gran poder motor que encierran y el desarrollo de las capacidades físicas a modo de factor de ejecución. Los aspectos que debemos significar a la hora de su trabajo radican en: variar las posiciones de partida, uso del factor sentido y dirección del desplazamiento, realización de recorridos, alterar las velocidades de ejecución, ajustar las distancias, variar la complejidad (franquear obstáculos), variar los recursos materiales: picas, cuerdas, conos, pelotas, aros, bancos, espalderas, etc., innovar la organización: parejas, tríos, sextetos...

b) **Saltos**. Podemos distinguir saltos en longitud, altura y sus combinaciones. Además, la combinación de los saltos con marchas, carreras, multisaltos, saltar a una altura o desde una altura, etc. En su desarrollo didáctico debemos prestar atención a las diferentes fases del salto: previa, impulso, vuelo y caída. No podemos olvidar un factor de ejecución que es fundamental: fuerza rápida o potencia, sobre todo al nivel de los grupos extensores de los miembros inferiores (cuádriceps y gemelos), tanto a la hora del impulso -potencia activa- como en el momento de caer -potencia negativa o de frenado-. El equilibrio dinámico -reequilibrio- es muy importante en todo momento para mantener la posición deseada en contra de la fuerza de gravedad.

Algunos ejemplos de propuestas de actividades son: saltos a dos pies juntos; saltos a la pata coja, con agarre o no del pie libre; variar ritmos, recorridos y obstáculos, (éstos serán, siempre, livianos: conos, cuerdas, aros, etc.); combinar los saltos con carreras, giros, lanzamientos...

c) **Giros**. Solicitan mucho equilibrio y sentido kinestésico, aunque también flexibilidad y agilidad. Proponemos algunos ejemplos de actividades para su desarrollo: giros muy livianos, con/sin ayudas sobre el eje longitudinal, transversal y antero-posterior; giros previo salto vertical; realizar algún gesto durante el giro. Señalamos algunas variables tales como cambios en la dirección, ajustes a un ritmo y espacio. Debemos prestar atención a posibles mareos, así como tener presente recursos que faciliten la seguridad, colchonetas por ejemplo.

d) **Lanzamientos y recepciones**: Debemos tener presente un aprendizaje previo que es fundamental: tener la lateralidad bien definida. Debemos corregir las fases de lanzamiento y recepción. Proponemos las siguientes actividades: rodar, conducir, lanzar, etc. balones, discos voladores, aros, etc. con lanzamientos variados con manos y pies, lanzando en altura o en longitud, con lanzamientos de fuerza o de precisión, a dianas móviles, desde posiciones estáticas o dinámicas, a diferentes alturas, etc.

Además, tendremos en cuenta una serie de variables como la velocidad de los lanzamientos, los controles de las distancias, apreciaciones de trayectorias, ajustes espacio-tiempo, sincronía entre el propio movimiento y el del objeto, ritmos, etc.

1.4. DESARROLLO DE LAS HABILIDADES MOTRICES GENÉRICAS.

Serra (1987, 1994), indica dos grandes grupos:

H. GENÉRICAS (donde **se utilizan** móviles).	Botes, Golpeos, Pases, Tiros, Desvíos, Impactos, Conducciones, etc.
H. GENÉRICAS (donde **no se utilizan** móviles.)	Marcajes, Desmarques, Bloqueos, Pantallas, Pivotes, Fintas, etc.

Incluimos algunos ejemplos (ver Tema 9):

- **Pases**

    Manipulaciones producidas por un sujeto que se desprende de un objeto con la finalidad de hacerlo llegar a otro compañero. Se **caracterizan** por el cálculo de distancias y trayectorias. Se desarrolla con juegos donde los alumnos se pasan pelotas de todo tipo, aros, picas, etc. Por ejemplo, "balón-tiro", aunque éste incluye otras habilidades genéricas tales como fintas, lanzamientos. También, "balón-torre", "los diez pases", etc.

- **Conducciones**

    El alumno dirige **sucesivamente** un objeto móvil (pelota por ejemplo) con la finalidad de desplazarlo por el terreno, utilizando su propio cuerpo o un móvil. Las conducciones con los miembros superiores suelen realizarse con el empleo de un instrumento (stick). Lo desarrollamos con juegos de conducción de balón, por ejemplo, relevos de conducción. Algunas variables radican en conducir con diversas superficies de contacto, móviles o implementos para la conducción, así como alternar velocidades y trayectorias.

- **Impactos**

    Serra (1987, 1994), indica que son manipulaciones producidas por un sujeto con un instrumento (raqueta preferentemente), que maneja para actuar sobre otro móvil para impulsarlo o para cambiar su trayectoria anterior. Para desarrollarlos debemos construir tareas variando el móvil, trayectorias y velocidades, etc. Por ejemplo, juegos con palas a base de toques, botes, pases, lanzamientos de fuerza y precisión, efectos, etc. Otros autores asimilan los impactos a los golpeos.

- **Golpeos**

    Serra (1987, 1994), manifiesta que es un encuentro violento y a veces repentino con un objeto. Se diferencia del **impacto** en que no existe instrumento. Se desarrollan a través de juegos con recursos móviles, preferiblemente pelotas. Por ejemplo, fútbol-tenis en espacio reducido. Podemos aumentar las posibilidades didácticas si cambiamos de segmento ejecutor, variamos los móviles, combinamos posiciones estáticas y dinámicas, etc.

- **Botes**

    Basados en el impulso que experimentan los móviles elásticos al chocar contra una superficie rígida. Los hay con o sin desplazamiento. Los trabajamos con juegos populares y pre-deportivos donde hay un balón como recurso móvil. Por ejemplo, relevos con bote de pelota. Podemos variar las direcciones, velocidades, altura del bote, tipo de móvil, superficie, postura corporal, etc.

- **Fintas**

    Se basan en los desplazamientos y sus posibilidades espaciales (cambios súbitos de sentido y dirección), y en el tiempo (diferentes velocidades). Si se utiliza un móvil se llama **regate**. Su desarrollo va implícito en la mayoría de los juegos grupales con o sin móvil. Por ejemplo, "corta-hilos", "balón-tiro", "policías y ladrones", etc.

- **Tiro**

    Es un lanzamiento de precisión, como el pase, pero tratando de conseguir gol o punto. Su desarrollo parte de juegos de puntería, como los de diana y populares como el "balón-tiro".

Una vez que estén **afianzadas** las básicas y genéricas puede iniciarse el aprendizaje de la **específica** o deportiva, normalmente al final de la Etapa. Para ello el alumnado debe ser capaz de combinar progresivamente todas las habilidades anteriores. Por ejemplo, una entrada a canasta en Mini-Basket implica desde la lateralidad y la estructuración espacio-temporal al desplazamiento, bote y tiro. Si bien el paso de la H. Básica a la Genérica-Específica empieza hacia los siete años, en realidad la especialización llegará más adelante (Sánchez y Fernández -coords.-, 2003).

1.5. IMPORTANCIA DE LAS CONDICIONES FÍSICA Y MOTRIZ EN EL DESARROLLO DE LAS HABILIDADES Y DESTREZAS BÁSICAS.

Para relacionar cada habilidad con sus necesidades físicas y motrices, vamos a considerar los siguientes grupos de Habilidades y Destrezas Básicas (Arráez y otros, 1995):

- **Desplazamientos habituales**: marcha y carrera adelante
- **Desplazamientos no habituales**, pero que se consideran **básicos** debido a la gran riqueza motriz que su desarrollo producen en el alumnado. Son, entre otros, las variantes de marcha y carrera, cuadrupedias, reptaciones, gateos, transportes, propulsiones, etc.
- **Saltos**.
- **Giros**.
- **Lanzamientos-Recepciones**.

No podemos olvidar que el R. D. 126/2014 da a la condición física un matiz de "**saludable**" y también como **factor de ejecución** de la habilidad motriz (Ver T. 17).

- **Desplazamientos habituales**

HABILIDAD	CAPACIDAD FÍSICA	CAPACIDAD MOTRIZ
Marcha adelante	Cierto tono y resistencia muscular	Esquema Corporal, Equilibrio y Coordinación General
Carrera adelante	Potencia muscular, resistencia y velocidad	Ídem

- **Desplazamientos no habituales**. Tratamos los más significativos:

HABILIDAD	CAPACIDAD FÍSICA	CAPACIDAD MOTRIZ
Cuadrupedia	Fuerza general (dinámica y resistencia)	Esquema Corporal Coordinación General
Tripedia	Ídem	Ídem
Reptación	Ídem	Ídem
Trepa	Ídem y Flexibilidad	Ídem y Equilibrio
Propulsión	Ídem	Esquema Corporal Coordinación General
Deslizamiento	Fuerza dinámica Velocidad	Coordinación General Equilibrio
Gateo	Fuerza general	Esquema Corporal Coordinación General

- **Saltos, Giros y Lanzamientos-Recepciones**.

HABILIDAD	CAPACIDAD FÍSICA	CAPACIDAD MOTRIZ
Saltos	Potencia muscular	Coordinación y Equilibrio
Giros	Agilidad y Flexibilidad	Ídem
Lanzamientos y Recepciones	Velocidad Segmentaria Potencia	Coordinación Óculo-Segmentaria y General. Lateralidad

Como podemos observar, los vehículos para el desarrollo de las habilidades y destrezas básicas lo constituyen las capacidades motrices de Coordinación y Equilibrio con todas sus variantes. Además, la coordinación se apoya en los "elementos psicomotores básicos": Esquema Corporal y Estructuración Espacio-Tiempo, que llevan consigo la relajación, lateralidad, etc.

2. PRINCIPIOS FUNDAMENTALES DEL ENTRENAMIENTO.

La teoría y metodología del entrenamiento tienen sus propios principios o **leyes de obligado cumplimiento** basados en las ciencias biológicas, psicológicas y pedagógicas González y Navarro (2010) y (González, Pablos y Navarro, 2014). Todos se relacionan entre sí y garantizan la correcta aplicación del proceso de entrenamiento (Navarro, 2000). Los principios son comunes a todos los deportes, independientemente del método de enseñanza empleado. Indican cómo aplicar los estímulos de entrenamiento al deportista para que provoquen la adaptación deseada (Avella, Maldonado y Ram, 2015).

Torres (2005), indica que los Principios del Entrenamiento son unas "*pautas de actuación correctas con el objetivo de lograr unos resultados óptimos. Todos están relacionados y no se pueden aislar*".

Si resumimos lo expuesto por Reina y Martínez (2003), recogido de varios autores, el entrenamiento es "*la utilización sistemática de técnicas y principios metodológicos con vistas a una mejora de la eficacia y acrecentamiento del rendimiento. Sirve para mejorar la condición física, técnica, táctica y psicológica*".

Guillén y Benítez (2009), indican que si **cumplimos** lo especificado por estos principios acertaremos en el planteamiento, ejecución, eficacia y desarrollo del entrenamiento.

En cualquier caso, debemos **huir** de lo que conocemos por "**rendimiento deportivo**" y centrarnos en los aspectos educativos y saludables. Así pues, toda connotación a los sistemas de entrenamiento y su control, así como los modernos **sistemas de gestión y software** comercial para análisis del rendimiento: Focus, Quintic, Prozone, Dartdish, Crickstatm SiliconCoach, SportsCode, etc. **no** tiene ningún tipo de **aplicación** en el ámbito educativo (Pérez Turpin, 2012).

En la literatura deportiva existen numerosos autores que tratan sobre los principios del entrenamiento. Por ejemplo, Weineck (1988) y Grosser (1992). Álvarez del Villar (1983), a quien seguimos, es un referente para muchos, como Navarro (2000), Pacheco (2003), Cañizares (2004), León (2006), Gómez Mora (2008), Guillén y Benítez (2009), González y Navarro (2010), Legaz (2012), Avella, Maldonado y Ram, (2015) y Anselmi (2015).

En los últimos tiempos también se han incorporado al entrenamiento deportivo, entre otras ciencias, la Psicología y hoy día es común encontrarnos con especialistas en los "cuerpos técnicos" de los equipos, sobre todo en la elite. De ahí que citemos unos "principios psicológicos" que acompañan a los biológicos.

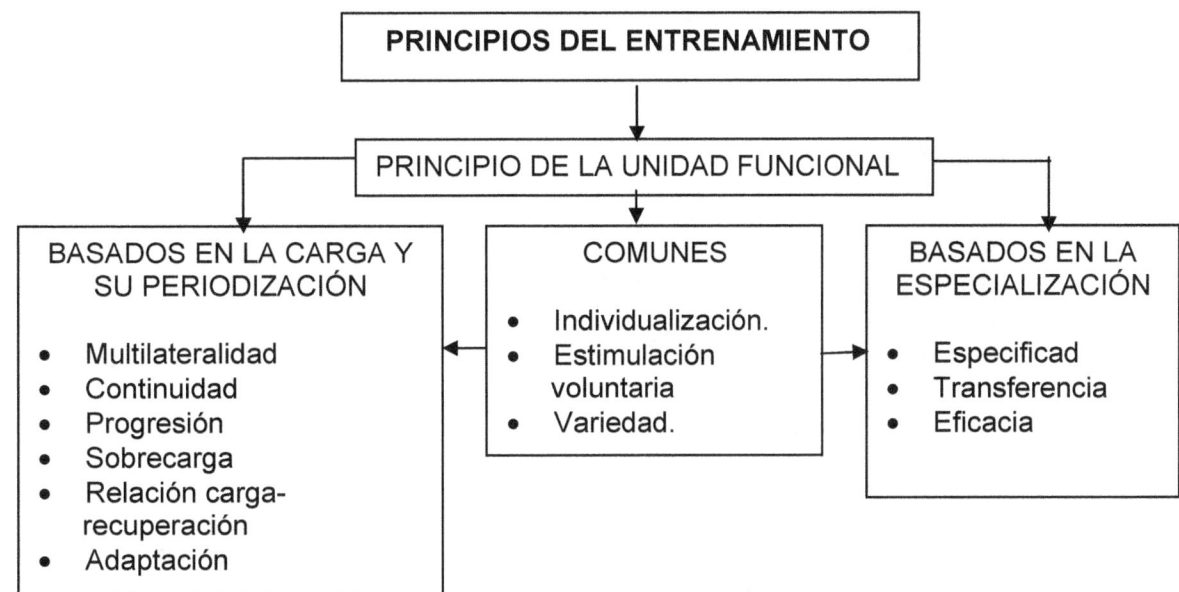

Resumimos de cada uno su característica principal en la siguiente tabla, para facilitar su estudio y comprensión:

PRINCIPIO	CARACTERIZACIÓN
Unidad funcional	El organismo es un todo.
Multilateralidad	Trabajo previo de todos los factores de base.
Continuidad	Frecuencia en las prácticas con descansos adecuados.
Progresión	Aumento continuado de la carga.
Sobrecarga	Combinar volumen y calidad.
Relación carga-recuperación	Según el esfuerzo así será la recuperación.
Adaptación	Cambios de funciones orgánicas.
Especificidad	Cada especialidad requiere un entrenamiento concreto.
Transferencia	Aprovechar los aprendizajes anteriores. Positiva o negativa.
Eficacia	Relación del gasto de energía con el ingreso de la misma.
Individualización	Cada persona requiere una carga distinta.
Estimulación voluntaria	Activación de la capacidad volitiva.
Variedad	Alternar recursos, agrupaciones...

Principio de la Unidad Funcional

El organismo actúa como un todo. Cada uno de sus órganos y sistemas está interrelacionado con los demás hasta tal punto que el fallo de cualquiera de ellos hace imposible la continuidad del entrenamiento (corazón, sistema respiratorio, aparato endocrino,...). El desarrollo de los sistemas y cualidades del individuo ha de hacerse simultánea y paralelamente.

Principio de la Multilateralidad o Generalidad.

Este principio no se contradice con el de "Especificidad", sino que lo complementa. Se refiere a una preparación basada en el desarrollo previo de todas las capacidades físicas. El entrenamiento debe buscar el desarrollo armónico de todas las capacidades para, una vez asentadas, insistir en una o varias propias de la especialidad.

Se ha demostrado que todas las capacidades mejoran más gracias al entrenamiento genérico previo. Se puede decir que un entrenamiento general garantiza la preparación propia de la especialidad. El entrenamiento moderno trata de abarcar simultáneamente todos los factores de la práctica física, porque se ha demostrado que con una preparación multifacética de base se consiguen mejores resultados, ya que el deportista domina una mayor cantidad de movimientos, tiene un mando superior en sus conductas motrices y, en consecuencia, está en disposición de asimilar posteriormente las técnicas y los métodos de entrenamiento más complicados. Al contrario, una preparación unilateral sólo incide sobre un sistema u órgano concreto, por lo que al progresar en un sector, se regresa en los demás.

Principio de la Continuidad

Un entrenamiento muy distante de otro no producirá ningún efecto positivo en el proceso de adaptación del entrenamiento, porque no será posible la súper compensación. La fisiología del ejercicio y la experiencia han demostrado que todo esfuerzo que se interrumpe por un período prolongado o es realizado sin continuidad, ni crea hábito ni entrena. Esto no quiere decir que el deportista no deba descansar, porque esta fase del entrenamiento tiene tanta importancia como el trabajo realizado en sí. Lo que sucede es que cuando un esfuerzo se repite, pero han desaparecido los efectos del anterior, no existe desarrollo funcional. Con el descanso entre estímulos perseguimos el crecimiento de los tejidos, la reposición alimentaria y síntesis bioquímica.

Principio de la Progresión

La mayor o menor duración de la forma deportiva de un sujeto y, en suma, de su vida deportiva, va a depender de la capacidad de asimilación de estímulos sucesivamente crecientes, capacidad que sólo podrá adquirirse si durante el proceso de entrenamiento hay un crecimiento paulatino del esfuerzo: **volumen**, el factor cuantitativo; **intensidad**, elemento cualitativo; **complejidad**, es decir, los contenidos del entrenamiento, el qué y cómo se entrena; **densidad** o factor estímulo, que es la relación entre el tiempo de aplicación de la carga y el tiempo para la recuperación.

Una vez elegido el sistema de entrenamiento, el número de ejercicios, las cargas a utilizar, etc., deben estar fraccionadas gradualmente para que el sujeto vaya adaptándose progresivamente a esfuerzos más intensos en cantidad y en calidad.

Principio de la Sobrecarga

Está encadenado con el principio anterior. Se relaciona directamente con el "**volumen**" de entrenamiento, si bien hay que considerar que en los primeros años de preparación éste aumenta progresivamente, influyendo enormemente en el rendimiento. A medida que el deportista mejora su nivel, la importancia del volumen va disminuyendo y toma su lugar el factor "**intensidad**", ya que las adaptaciones sólo se producen cuando responden a tensiones aplicadas a niveles superiores al umbral personal, dentro de los límites de tolerancia. También debemos considerar los factores de "**densidad**", o tiempo de descanso entre estímulos a lo largo de la sesión (tiempo total y útil de la sesión); "**frecuencia**" o número de sesiones dentro de un ciclo de entrenamiento; "**complejidad**", que es la dificultad técnica de los ejercicios empleados.

Principio de la Relación Carga-Recuperación

Muy relacionado con los demás, sobre todo con el de la Continuidad. Hace referencia al establecimiento de unos periodos adecuados entre la carga del entrenamiento y la fase de descanso correspondiente, con objeto de que el organismo sano realice la supercompensación. Esta carga dinámica puede variar en cantidad, calidad, densidad y complejidad.

Principio de la Adaptación

El entrenamiento provoca en el organismo múltiples procesos de ajuste que modifican sus funciones. En cambio, desaparecen cuando no se entrena.

Principio de Especificidad

Cada deporte tiene unas características y reglas especiales. También en cada deporte hay roles distintos: portero, delantero, etc. Por lo tanto, cada deportista debe entrenarse en aquellos requerimientos que le demanda su puesto específico. No es el mismo tipo de potencia que necesita un saltador que un jugador de baloncesto.

Principio de Transferencia

Al realizar los ejercicios propios de unos entrenamientos más o menos ajenos, las modificaciones pueden tener una triple influencia en el estereotipo motor propio de una especialidad concreta. Esta influencia puede ser **positiva, negativa o neutra**. Por ejemplo, la realización de un ejercicio de fuerza va a influir en la mejora de la velocidad de arranque de un sujeto. Es un caso de transferencia positiva. En el caso de un velocista que entrena varias veces por semana carreras de fondo, existe una transferencia negativa, porque le va a suponer merma en su capacidad explosiva. Si un futbolista juega a tenis de mesa, ésta especialidad no le supone ni beneficio ni perjuicio, por lo que es una transferencia neutra.

Principio de Eficacia

Viene dado por ajustarse al resto de principios. Sin la progresión, aplicación de cargas, descansos, etc., apropiadas, no puede hablarse de un entrenamiento eficaz. La eficacia la entendemos como "la relación del gasto de energía con el ingreso de la misma" (Burke, citado por Álvarez del Villar, 1983). Por ejemplo, si queremos trabajar con eficacia en velocidad, tendremos que realizar estímulos máximos y descansos amplios.

Principio de Individualización

Está determinado por las características morfológicas y funcionales del deportista, ya que cada sujeto es un todo con características **distintas**: biotipológicas, fisiológicas y psicológicas. El tipo de respuesta que sucede a un determinado estímulo cambia según los individuos, y en el mismo individuo dentro del proceso de entrenamiento. La respuesta del deportista varía en función de la edad, años de entrenamiento, salud, experiencia, tipo somático, aspectos psíquicos, etc.

Principio de la Estimulación Voluntaria

Burke considera que las mejoras a través de la actividad física son más específicas cuando el deportista practica un adiestramiento dirigido por una estimulación nerviosa voluntaria, es decir, "disfruta" con la actividad, es consciente de sus beneficios.

Principio de Variedad

El entrenamiento repetitivo es aburrido, por tanto hay que darle variedad al entrenamiento, ya sea con nuevos ejercicios o cambiando el entorno. Por ejemplo, correr en un parque, en la cancha, en grupos pequeños, grandes, etc.

Por otra parte, León (2006), basándose en Navarro (2000), establece **dos grupos** de **enfoques** en los principios:

- **Principios biológicos**. Los vistos anteriormente, los agrupa en tres:

    - Los que inician los procesos de adaptación
    - Los que aseguran los procesos de periodización
    - Los que orientan los procesos de individualización y especialización.

- **Principios pedagógicos**, que resaltan la importancia de "enseñar a aprender". Tratan aspectos relacionados con la transmisión de la información, feedback, refuerzos, motivación, transferencia, etc. También con la participación activa y consciente en el entrenamiento, con la accesibilidad para todo el alumnado y con la satisfacción deportiva, entre otros.

Desde un **punto de vista psicológico**, podemos señalar dos "principios":

- **Ley de Yerkes Dodson**: El rendimiento físico está mediatizado por el nivel adecuado de motivación. Tener más o menos motivación de la necesaria es contraproducente.

- **Efecto Carpenter**: Basado en el entrenamiento "ideomotor". Se trata de visualizar mental y previamente la habilidad a realizar. Muy aplicado en situaciones cortas, como los lanzamientos y saltos atléticos.

Martin, Carl y Lehnertz (2001), establecen **tres ámbitos de principios**:

- P. Pedagógicos del entrenamiento.
- P. de la Elaboración y de la Organización del entrenamiento.
- P. de la Planificación del Contenido y Metodología del entrenamiento.

Arufe (2009), indica una serie de principios "pedagógicos-deportivos" adecuados al entrenamiento infantil, centrándose en aspectos relacionados con la aplicación de la resistencia.

2.1. PRINCIPIOS DEL ENTRENAMIENTO INFANTIL.

Ungerer (1977). Este autor, citado por Hahn, (1988) y por Vallejo (2002), recoge una serie aspectos metodológicos **a tener en cuenta** en la práctica deportiva y en el entrenamiento infantil:

- Aumentar, en las cargas elevadas, los tiempos de recuperación.
- Priorizar el desarrollo de la resistencia aeróbica en detrimento de la anaeróbica.
- Evitar las situaciones donde se fuerce la respiración.
- Eliminar las cargas elevadas en el desarrollo de la fuerza, sobre todo las que incidan sobre la columna vertebral.
- Potenciar el trabajo de flexibilidad dentro de las sesiones donde se desarrolle la fuerza.
- Tener en cuenta la limitación en el procesamiento de la información (ver Tema 8), sobre todo en tareas que exijan una alta coordinación de movimientos.
- Utilizar de forma prioritaria las habilidades "naturales" o cotidianas frente a los ejercicios excesivamente elaborados.
- Primar la variedad frente a estereotipos de gestos específicos.
- Remarcar el aspecto lúdico de ciertas actividades como apoyo a la motivación.
- Es preferible, por su mayor carga motivacional, el entrenamiento en grupo que el individual.

Pacheco (2003), establece una serie de "Principios Fundamentales" a modo de "pautas" para trabajar la condición física en Primaria. Como novedad, respecto a los vistos anteriormente, destaca el "Principio de Adaptación a la Evolución", donde señala que ésta no es lineal, y que tiene unas fases sensibles. También comenta otros principios, pero muy similares a los expresados por Álvarez del Villar, como los de Progresión, Continuidad, Alternancia y Variedad.

Independientemente de estas pautas didácticas, García, Navarro y Ruiz (1996), establecen el "Principio de la Accesibilidad", donde indican que con los jóvenes debemos ir de lo "*poco a lo mucho, de lo sencillo a lo complejo y de lo conocido a lo desconocido*".

3. ADECUACIÓN DEL ENTRENAMIENTO EN LA ACTIVIDAD FÍSICA EN LOS CICLOS DE EDUCACIÓN PRIMARIA.

Como ya hemos visto en otros temas, más que "entrenamiento" debemos decir "**desarrollo**" o educación de la actividad física en Educación Primaria. Además, debemos tender a la llamada "*condición física-salud*", huyendo de cualquier modelo deportivo (Delgado y Tercedor, 2002).

Es más, dadas las edades donde nos movemos, 6-11 años, en primer lugar debe primar lo **motor** (coordinación, equilibrio, espacialidad, temporalidad y corporalidad) sobre lo **físico** (velocidad, fuerza, etc.), debiendo tener esto último un tratamiento como **factores de ejecución** del movimiento (Rosillo, 2010). Por todo ello, la Educación Física en la Educación Obligatoria tiene como finalidad el desarrollo de la conducta motriz y la creación de hábitos saludables, nunca tendrá fines relacionados con el rendimiento físico (R. D. 126/2014).

El acondicionamiento físico en las edades de Primaria tiene por objeto asegurar un **desarrollo armónico** de la condición física es estas primeras edades aplicando sistemas los más objetivos posibles que garanticen el control de su tratamiento en las clases. Por ejemplo, dar estímulos suficientes con métodos globales y dinámicos, con descansos óptimos (Mora, 2009).

3.1. LA CONDICIÓN FÍSICA EN EL DISEÑO CURRICULAR.

Las capacidades físicas se diversifican con claridad en los currículos de la Educación Obligatoria. En Primaria se hace una presentación global de ellas dentro de un marco de práctica de las habilidades motrices. En edades posteriores, se limitan a objetivos muy influidos por el modelo condición física-salud, con esfuerzos moderados y evaluación criterial. La idea de la educación física-rendimiento dejó de existir oficialmente en la escuela (Navarro, 2007).

El **R. D. 126/2014** destaca para esta Etapa el binomio "condición física-salud creando hábitos saludables". Dentro de los elementos curriculares, apuntamos:

a) **CC. CLAVE**
Competencia sociales y cívicas. Las actividades dirigidas a la adquisición de las habilidades motrices requieren la capacidad de asumir las diferencias así como las posibilidades y las limitaciones propias y ajenas. El cumplimiento de las normas que rigen los juegos colabora con la aceptación de códigos de conducta para la convivencia. La Educación física ayuda a entender, desarrollar y poner en práctica la relevancia del ejercicio físico y el deporte como medios esenciales para fomentar un estilo de vida saludable que favorezca al propio alumno, su familia o su entorno social próximo. Se hace necesario desde el área el trabajo en hábitos contrarios al sedentarismo, consumo de alcohol y tabaco, etc. **Competencia digital** en la medida en que los medios informáticos y audiovisuales ofrecen recursos cada vez más actuales para analizar y presentar infinidad de datos que pueden ser extraídos de las actividades físicas, deportivas, competiciones, etc. El uso de herramientas digitales que permitan la grabación y edición de eventos (fotografías, vídeos, etc.) suponen recursos para el estudio de distintas acciones llevadas a cabo.

b) **Objetivos de Etapa**: El objetivo más relacionado es el "k": *"valorar la higiene y la salud, aceptar el propio cuerpo y el de los otros, respetar las diferencias y utilizar la educación física y el deporte como medios para favorecer el desarrollo personal y social"*, habida cuenta la condición física está presente en las prácticas de juegos motores en mayor o menor medida. Por ejemplo, velocidad en los juegos de relevos.

La **O. del 17/03/2015**, indica:

c) **Objetivos de Área**: Objetivo 2: *Reconocer y utilizar sus capacidades físicas, habilidades motrices y conocimiento de la estructura y funcionamiento del cuerpo para el desarrollo motor, mediante la adaptación del movimiento a nuevas situaciones de la vida cotidiana.*
Objetivo 4: *Adquirir hábitos de ejercicio físico orientados a una correcta ejecución motriz, a la salud y al bienestar personal, del mismo modo, apreciar y reconocer los efectos del ejercicio físico, la alimentación, el esfuerzo y hábitos posturales para adoptar actitud crítica ante prácticas perjudiciales para la salud.*
Objetivo 6: *Conocer y valorar la diversidad de actividades físicas, lúdicas,*

deportivas y artísticas como propuesta al tiempo de ocio y forma de mejorar las relaciones sociales y la capacidad física, teniendo en cuenta el cuidado del entorno natural donde se desarrollen dichas actividades.

d) **Bloques de contenidos**. En el **bloque** nº 2 *"La Educación física como favorecedora de la salud"*, se especifican muchos aspectos relacionados con la condición física, como:

- Movilidad corporal orientada a la salud (1º C.)
- Mejora genérica de la condición física-salud (2º C.)
- Calentamiento y recuperación (3º C.)

El **R. D. 126/2014**, indica:

e) **Criterios de evaluación**. El nº 6 nos dice: 6. *"Mejorar el nivel de sus capacidades físicas, regulando y dosificando la intensidad y duración del esfuerzo, teniendo en cuenta sus posibilidades y su relación con la salud".*

f) **Estándares de aprendizaje**. Los correspondientes al 6º criterio, son:

6.1. Muestra una mejora global con respecto a su nivel de partida de las capacidades físicas orientadas a la salud.
6.2. Identifica su frecuencia cardiaca y respiratoria, en distintas intensidades de esfuerzo.
6.3. Adapta la intensidad de su esfuerzo al tiempo de duración de la actividad.
6.4. Identifica su nivel comparando los resultados obtenidos en pruebas de valoración de las capacidades físicas y coordinativas con los valores correspondientes a su edad.

3.2. MODELOS DE ADECUACIÓN DEL ENTRENAMIENTO EN LA ACTIVIDAD FÍSICA EN LOS CICLOS DE EDUCACIÓN PRIMARIA.

En la literatura especializada existen una serie de modelos de varios autores. La mayoría de ellos son muy similares y sus variaciones son meramente semánticas. Mencionamos a Pintor (1989), Sánchez-Bañuelos (1992) y Morente (2005).

- **Pintor**. (1989). Para las edades de Primaria establece dos Etapas:

    o Etapa previa de "formación motriz básica" (hasta 9-10 años). Se realizan tareas variadas de Educación Física Básica y juegos múltiples.

    o Primera etapa de la "iniciación: formación multideportiva básica", (de 9 a 12 años). Se practica con juegos muy diversos y múltiples prácticas deportivas.

    o Posteriormente continúan nuevos tramos que se corresponden con Secundaria.

- **Sánchez Bañuelos** (1992). Se basa en el establecimiento de **"Fases"** y subfases o **"Niveles"**.

En estas tablas presentamos, en forma de esquema, una síntesis sobre las características (modificado por Cañizares y Carbonero, 2007).

FASE I (4 a 6 años) 2º Ciclo de la Etapa Infantil y 1º Ciclo de Primaria

Desarrollo de la habilidad motriz	Desarrollo de la condición física
NIVEL 1. 4 años • Exigencia principal sobre los aspectos perceptivos. • Ejecución sencilla y accesible. • Problemas de decisión muy fáciles.	Sin tratamiento específico.
NIVEL 2. 5 años • Exigencia principal sobre los aspectos perceptivos. • Ejecución de poca dificultad. • Problemas de decisión muy sencillos de tipo binario. **NIVEL 3. 6 años** • Transición a la siguiente fase, conexión gradual de los elementos de ambas.	Énfasis en los aspectos cualitativos de la ejecución del movimiento.

FASE II (1º y 2º Ciclo de Enseñanza Primaria)

Desarrollo de la habilidad motriz	Desarrollo de la condición física
NIVEL 1. 6-7 años • Atención a los aspectos perceptivos compartida con otros aspectos. • Ejecución de dificultad baja-media. • Problemas de decisión sencillos.	Sin tratamiento específico.
NIVEL 2. 7 años • Exigencia principal sobre los aspectos perceptivos con otros aspectos. • Ejecución de dificultad baja-media. • Problemas de decisión sobre alternativas fáciles. **NIVEL 3. 8 años** • Mayor exigencia en la integración percepción-ejecución. • Ejecución de dificultad media. • Problemas de decisión de dificultad media-baja. **NIVEL 4. 9 años** • Transición a la siguiente fase, interconexión gradual de los elementos de ambas.	Desarrollo de los aspectos cuantitativos de la ejecución a través de una adecuada dosificación del esfuerzo en las tareas propuestas.

FASE III (3º Ciclo E. Primaria y 1º Ciclo E.S.O.)

Desarrollo de la habilidad motriz	Desarrollo de la condición física
NIVEL 1. 10 años • Comprensión global de la actividad específica a realizar. • Familiarización perceptiva. • Aprendizaje de modelos técnicos básicos. NIVEL 2. 11 años • Fundamentos técnicos de las habilidades específicas. • Situaciones básicas de aplicación de estos fundamentos. NIVEL 3. 12-13 años • Mejora de los fundamentos técnicos. • Integración de los elementos de ejecución en el esquema global de la actividad.	Trabajo específico de la condición física en sus aspectos básicos generales.

- **Morente** (2005). Cita a Hahn (1988) y apunta un "*modelo genérico del desarrollo del rendimiento deportivo en relación al orden cronológico de los objetivos de entrenamiento*".

    o 1º Objetivo: **Formación psicomotriz variada** (hasta 9 años). Basado en juegos para el aprendizaje motor y en formas rudimentarias de las técnicas básicas del deporte.

    o 2º Objetivo: **Inicio de la especialización en el deporte** (de 9 a 13 años). Se aprenden las técnicas del deporte, se practican las habilidades de deportes parecidos y se inicia la competición.

    o 3º Objetivo: **Profundización en el entrenamiento específico** (a partir de los 14 años). Se estabilizan las técnicas del deporte, se mejora la condición física con incremento de las cargas y se lleva a cabo una actividad competitiva regular. Al final de la etapa, 19 años, empieza la edad de máximo rendimiento deportivo.

- **Morente** (2005), refiriéndose al modelo de Delgado (1994), establece:

    o Fase de **Fundamentos**. Hasta los 10 años, a base de formación psicomotriz.

    o Fase de **Iniciación Deportiva**. De 10 a 13 años. El escolar se inicia en varios deportes a la vez.

    o Fase de **Especialización Deportiva**. De 13 a 16 años. Se profundiza en los elementos técnicos, tácticos y físicos de un deporte, dando importancia a la competición.

    o Fase de **Máximo Rendimiento**. A partir de los 16 años. Se progresa en todos los aspectos de la fase anterior.

CONCLUSIONES

Los desarrollos de la habilidad motriz y la capacidad física siempre deben ir unidos durante la Etapa Primaria, toda vez que debe primar lo motor o cualitativo, sobre lo físico o cuantitativo. Por lo tanto, el modelo educativo debe prevalecer sobre el modelo deportivo o de rendimiento. En todo caso, al final de la Etapa podría plantearse una introducción a la condición física como paso previo a Secundaria. El desarrollo de la habilidad motriz lleva parejo una mejora de la condición física como factor de ejecución. La "carrera motriz" del alumnado tiene que respetar una serie de etapas que reciben distintos apelativos según el autor que sigamos, pero que en el fondo vienen a decir lo mismo. Por otro lado, los principios del entrenamiento que más nos interesarían son los dedicados a la niñez, pero eso quedaría para escuelas deportivas específicas, no para el desarrollo curricular normal del Área de Educación Física.

BIBLIOGRAFÍA

- ALVAREZ DEL VILLAR, C. (1983). *La preparación física del futbolista basada en el atletismo*. Gymnos. Madrid.
- ANSELMI, H. (2015). Preparación física: teoría y práctica. Kinesis. Armenia (Colombia).
- AVELLA, R.; MALDONADO, C.; RAM, S. (2015). *Entrenamiento deportivo con niños*. Kinesis. Armenia (Colombia).
- ARRÁEZ, J. M.; LÓPEZ, J. M.; ORTIZ, Mª M. y TORRES, J. (1995). *Aspectos básicos de la Educación Física en Primaria. Manual para el Maestro*. Wanceulen. Sevilla.
- ARUFE, V.; MARTÍNEZ, Mª J.; y GARCÍA, J. L. (2009). *Entrenamiento en niños y jóvenes deportistas*. Wanceulen. Sevilla.
- BATALLA, A. (2000). *Habilidades Motrices*. INDE. Barcelona.
- BERNAL, J. A. (coord.) (2008). *El calentamiento y la adaptación del organismo al esfuerzo*. Wanceulen. Sevilla.
- CAÑIZARES, J. Mª. (1998). *200 Juegos y ejercicios por tríos*. Wanceulen. Sevilla.
- CAÑIZARES, J. Mª. (2004). *Entrenamiento Deportivo*. En VV. AA. "Técnico deportivo de Fútbol. Bloque Común. Nivel 1". C.E.D.I.F.A. Sevilla.
- CAÑIZARES, J. Mª y CARBONERO, C. (2007). *Temario de oposiciones de Educación Física para Primaria*. Wanceulen. Sevilla.
- CONDE, J. L. y VICIANA, V. (2001). *Fundamentos para el desarrollo de la motricidad en edades tempranas*. Aljibe. Málaga.
- CONTRERAS, O. (2004). *Didáctica de La Educación Física. Un enfoque constructivista*. INDE. Barcelona.
- DELGADO, M. (1994). *El entrenamiento de las cualidades físicas en los diseños curriculares de Educación Física en Educación Primaria*. Actas del I Congreso Nacional de Educación Física de Facultades de CC. de la Educación y XII de E. U. de Magisterio. Wanceulen. Sevilla.
- DELGADO, M. y TERCEDOR, P. (2002). *Estrategias de intervención en educación para la salud desde la Educación Física*. INDE. Barcelona.
- DÍAZ, J. (1999). *La enseñanza y aprendizaje de las habilidades y destrezas básicas*. INDE. Barcelona.
- FERNÁNDEZ GARCÍA, E. -coord.-. (2002). *Didáctica de la Educación Física en la Etapa Primaria*. Síntesis. Madrid.
- FORTEZA, A. y RAMÍREZ, E. (2005). "Teoría, metodología y planificación del entrenamiento deportivo". Wanceulen. Sevilla.
- GARCÍA, J. M.; NAVARRO, M. y RUIZ, J. A. (1996). *Bases teóricas del entrenamiento deportivo*. Gymnos. Madrid.
- GIL MADRONA, P. (2003). *Diseño y desarrollo curricular en educación física y educación infantil*. Wanceulen. Sevilla.
- GÓMEZ MORA, J. (2008). *Bases del Acondicionamiento Físico*. Wanceulen. Sevilla.

- GONZÁLEZ RAVÉ, J. Mª Y NAVARRO, F. (2010). *Fundamentos del entrenamiento deportivo*. Wanceulen. Sevilla.
- GONZÁLEZ, J. Mª; PABLOS, C.; NAVARRO, F. (2014). *Entrenamiento Deportivo. Teoría y práctica*. Panamericana. Madrid.
- GROSSER, M. (1992). *Entrenamiento de la velocidad. Fundamentos, métodos y programas*. Martínez Roca. Barcelona.
- GUILLÉN, M. y BENITEZ, J. D. (2009). *Principios del entrenamiento deportivo*. En GUILLÉN, M. y ARIZA. L. *Las Ciencias de la Actividad Física y el Deporte como fundamento para la práctica deportiva*. U. de Córdoba.
- GUTIÉRREZ, M. (2004). *Aprendizaje y desarrollo motor*. Fondo Editorial San Pablo Andalucía (CEU). Sevilla.
- GUZMÁN, L. A. (2013). *Entrenamiento Deportivo: La Carga*. Kinesis. Armenia (Colombia).
- HAHN, E. (1988). *Entrenamiento con niños*. Martínez Roca. Barcelona.
- JUNTA DE ANDALUCÍA (2007). *Ley 17/2007, de 10 de diciembre, de Educación en Andalucía*. (L. E. A.) B.O.J.A. nº 252, de 26/12/2007.
- JUNTA DE ANDALUCÍA (2010). *Decreto 328/2010, por el que se aprueba el Reglamento Orgánico de las escuelas infantiles de segundo grado, de los colegios de educación infantil y primaria, de los colegios de educación primaria, y de los centros públicos específicos de educación especial*. BOJA nº 139, de 16/07/2010.
- JUNTA DE ANDALUCÍA (2015). *Decreto 97/2015, de 3 de marzo, por el que se establece la ordenación y el currículo de la educación Primaria en la comunidad Autónoma de Andalucía*. BOJA nº 50 de 13/03/2015.
- JUNTA DE ANDALUCÍA (2015). *Orden de 17 de marzo de 2015, por la que se desarrolla el currículo correspondiente a la educación Primaria en Andalucía*. BOJA nº 60 de 27/03/2015.
- JUNTA DE ANDALUCÍA (2015). *Orden de 04 de noviembre de 2015, por la que se establece la ordenación de la evaluación del proceso de aprendizaje del alumnado de educación primaria en la Comunidad Autónoma de Andalucía*. B.O.J.A. nº 230, de 26/11/2015.
- LEGAZ, A. (2012). *Manual de entrenamiento deportivo*. Paidotribo. Barcelona.
- LEÓN, J. A. (2006). *Teoría y Práctica del Entrenamiento. Deportivo. Nivel 1 y 2*. Wanceulen. Sevilla.
- MARTÍN, D.; CARL, K. y LEHNERTZ, K. (2001). *Manual de metodología del entrenamiento deportivo*. Paidotribo. Barcelona.
- M. E. C. (2006). *Ley Orgánica de Educación (L.O.E.) 2/2006, de 3 de mayo, de Educación*. B. O. E. nº 106, de 04/05/2006, modificada en determinados artículos por la LOMCE/2013.
- M. E. C. (2013). *Ley Orgánica 8/2013, de 9 de diciembre, para la mejora de la calidad educativa. (LOMCE)*. B. O. E. nº 295, de 10/12/2013.
- M. E. C. (2014). *Real Decreto 126/2014, de 28 de febrero, por el que se establece el currículo básico de la Educación Primaria*. B. O. E. nº 52, de 01/03/2014.
- M.E.C. (2015). *Orden ECD/65/2015, de 21 de enero, por la que se describen las relaciones entre las competencias, los contenidos y los criterios de evaluación de la educación primaria, la educación secundaria obligatoria y el bachillerato*. B.O.E. nº 25, de 29/01/2015.
- MORA, J. -Coord-. (1995). *Teoría del Entrenamiento y del Acondicionamiento Físico*. C.O.P.L.E.F.A. y Wanceulen.
- MORA, J. (2009). *Rendimiento deportivo en edad escolar*. En GUILLÉN, M. y ARIZA. L. *Las Ciencias de la Actividad Física y el Deporte como fundamento para la práctica deportiva*. U. de Córdoba.
- MORENTE, A. (2005). *Ejercicio físico en niños y jóvenes: programas de actividad física según niveles de condición biológica*. En GUILLÉN, M. -coord.-

El ejercicio físico como alternativa terapéutica para la salud. Wanceulen. Sevilla.
- NAVARRO, F. (2000). *Principios del Entrenamiento y Estructuras de la planificación deportiva.* Master de Alto Rendimiento Deportivo. Centro Olímpico de Estudios Superiores. U. Autónoma de Madrid.
- OÑA, A. (2005). *Actividad física y desarrollo: ejercicio físico desde el nacimiento.* Wanceulen. Sevilla.
- PACHECO, Mª J. (2003). *Los contenidos referidos a la condición física y su orientación en la Educación Primaria.* En SÁNCHEZ BAÑUELOS, F. y FERNÁNDEZ, E. -coords.-. (2003). *Didáctica de la Educación Física.* Prentice Hall. Madrid.
- PÉREZ TURPIN, J. A. (2012) *Bases del análisis del rendimiento deportivo.* Wanceulen. Sevilla.
- PINTOR, D. (1989). *Objetivos y contenidos de la formación deportiva.* En VV. AA. *Entrenamiento Deportivo en edad escolar.* Unisport. Málaga.
- PIÑEIRO, R. (2006a). *La fuerza y el sistema muscular.* Wanceulen. Sevilla.
- PIÑEIRO, R. (2006b). *La resistencia y el sistema cardiorrespiratorio.* Wanceulen. Sevilla.
- PIÑEIRO, R. (2007). *La velocidad y el sistema nervioso.* Wanceulen. Sevilla.
- REINA, L. y MARTÍNEZ, V. (2003) *Manual de teoría y práctica de acondicionamiento físico.* CV Ciencias del Deporte. Madrid.
- ROSILLO, S. (2010). *Cualidades físicas. Plan educativo de hábitos de vida saludable en la educación.* Procompal. Almería.
- RUIZ PÉREZ, L. M. (2000). *Deporte y aprendizaje. Procesos de adquisición y desarrollo de habilidades.* Visor. Madrid.
- SÁNCHEZ BAÑUELOS, F. (1992). *Bases para una Didáctica de la Educación Física y el Deporte.* Gymnos. Madrid.
- SÁNCHEZ BAÑUELOS, F. y FERNÁNDEZ, E. -coords.-. (2003). *Didáctica de la Educación Física.* Prentice Hall. Madrid.
- SERRA, E. (1987). *Habilidades desde la base al alto rendimiento.* Actas del Congreso de Educación Física y Deporte de Base. F.C.C.A.F.D. Granada.
- SERRA, E. (1994). *Documento del "Curso sobre Habilidad y Destreza".* Apuntes del curso. CEP. de Sevilla.
- TORRES, M. A. (2005). *Enciclopedia de la Educación Física y el Deporte.* Ediciones del Serbal. Barcelona.
- TRIGUEROS, C. y RIVERA, E. (1991). *La Educación Física de Base en la Enseñanza Primaria.* C. E. P. Granada.
- VALLEJO, C. L. (2002). *Desarrollo de la condición física y sus efectos sobre el rendimiento físico y la composición corporal de niños futbolistas.* Tesis Doctoral. Universidad Autónoma. Barcelona.
- WEINECK (1988). *Entrenamiento óptimo.* Hispano Europea. Barcelona.

WEBGRAFÍA (Consulta en octubre de 2015).

http://recursos.cnice.mec.es/edfisica/
http://www.ite.educacion.es/es/recursos
http://www.adideandalucia.es
http://www.guiaderecursos.com/webseducativas.php
www.juntadeandalucia.es/educacion/descargasrecursos/curriculo-primaria/index.html
http://recursostic.educacion.es/primaria/ludos/web/index.html

www.ingramcontent.com/pod-product-compliance
Lightning Source LLC
Chambersburg PA
CBHW080459170426
43196CB00016B/2872